DOCUMENTS

EN PARTIE INÉDITS

SUR LES CLOUET

PEINTRES DU ROI DE 1522 A 1572

ET

SUR PLUSIEURS PEINTRES DE LEUR ÉPOQUE

PUBLIÉS

AVEC UNE INTRODUCTION ET DES NOTES

PAR

THÉODORE COURTAUX

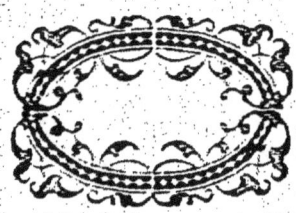

PARIS
CABINET DE L'HISTORIOGRAPHE
(Recueil de notices historiques sur les familles et les localités)
RUE TRÉZEL, 4

1909

THÉODORE COURTAUX

DOCUMENTS
SUR LES CLOUET

PEINTRES DU ROI DE 1522 A 1572

ET

SUR PLUSIEURS PEINTRES DE LEUR ÉPOQUE

AVEC UNE INTRODUCTION ET DES NOTES

VANNES

IMPRIMERIE LAFOLYE FRÈRES

1909

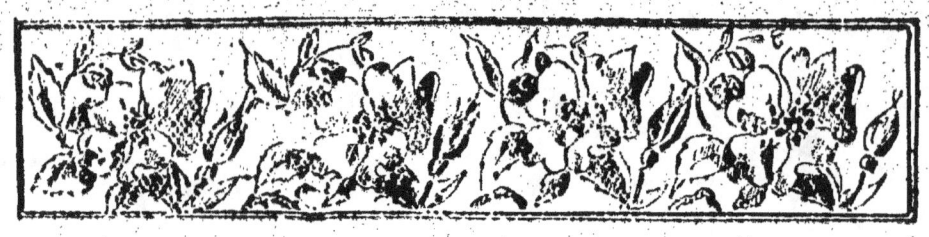

DOCUMENTS SUR LES CLOUET
PEINTRES DU ROI DE 1522 A 1572
ET
SUR PLUSIEURS PEINTRES DE LEUR ÉPOQUE
AVEC UNE INTRODUCTION ET DES NOTES

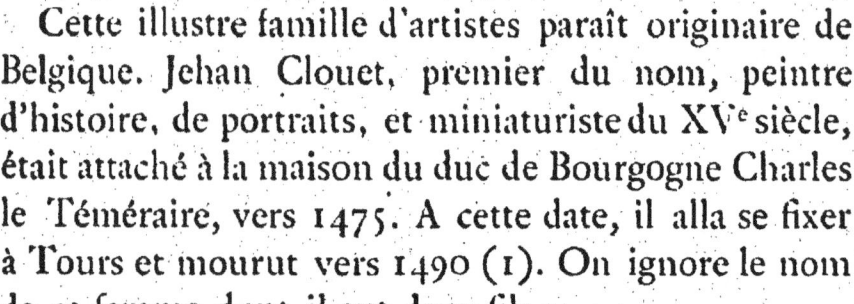

Cette illustre famille d'artistes paraît originaire de Belgique. Jehan Clouet, premier du nom, peintre d'histoire, de portraits, et miniaturiste du XVe siècle, était attaché à la maison du duc de Bourgogne Charles le Téméraire, vers 1475. A cette date, il alla se fixer à Tours et mourut vers 1490 (1). On ignore le nom de sa femme dont il eut deux fils :

(1) Ces détails sur Jehan Clouet, premier du nom, sont empruntés au *Dictionnaire des artistes français du XIIe au XVIIe siècle*, par A. Bérard, Paris, in-8°, 1872, col. 161-162. Nous en déclinons la responsabilité, d'autant plus que M. A. Bérard assure que Jehan Clouet fut protégé par la reine Anne de Bretagne, qui n'avait que 13 ans en 1490, date assignée par M. A. Bérard à la mort dudit Jehan Clouet. Il est vrai que ce dernier a pu mourir plus tard, avant 1514, et nous serions portés à le croire, car son fils Jehannet est qualifié peintre du Roi en 1522.

1° Jehan Clouet, l'aîné, auquel se rapporte la lettre que Marguerite d'Angoulême, sœur de François 1er et femme d'Henri d'Albret, roi de Navarre, écrivit à Jean de Brinon, chancelier d'Alençon, pour l'informer que son mari et elle avaient délibéré de prendre le peintre, « frère de Jannet », peintre du Roi, à leur service, aux gages annuels de 200 livres. Cette lettre, dont nous donnons le texte, déjà publié par F. Génin, n'a pas été écrite le 21 juillet (1529), comme l'assure cet éditeur, mais entre le 23 janvier 1526 (1527), date à laquelle Marguerite d'Angoulême épousa Henri d'Albret, et le 2 avril 1527 (1528), date de la mort de Jean de Brinon, chancelier d'Alençon, et de son inhumation en l'église Saint-Séverin de Paris, dans la chapelle de sa famille. On peut même conclure du raisonnement qui précède que cette lettre a été écrite le 21 juillet 1527.

Le mardi 12 novembre 1532, Jehan Clouet, peintre, tint, avec Jacqueline de Haultmont, sur les fonts baptismaux de Saint-Jacques-la-Boucherie de Paris, Claude, fille de Guillaume Geoffroy, peintre, et de Jehanne de Haultmont. (H. Herluison, *Actes d'état civil d'artistes français, peintres, graveurs, architectes, etc., extraits des registres de l'Hôtel-de-Ville de Paris, détruits dans l'incendie du 24 mai 1871*. Orléans, in-8°, 1873, p. 82).

2° Jehan Clouet, le cadet, dit Jehannet, Jeannet et même Jamet, célèbre peintre de portraits et miniaturiste, est inscrit, comme peintre et valet de chambre du Roi, aux gages de 240 livres par an, sur divers comptes de la maison du roi François 1er, des années

1523 à 1540, dont nous publions des extraits à la suite de cette introduction. Il épousa Jeanne Boucault, fille de Gatien Boucault, orfèvre de Tours. Le 6 juin 1522, les deux époux firent l'acquisition d'une rente en grains; dans cet acte, le mari est qualifié peintre du Roi. (*Archives de l'art français* du 15 juin 1855, in-8°, tome V, p. 97).

Jehan Clouet eut deux fils : 1° François, dont nous parlerons plus loin ; 2° Jehan Clouet, baptisé en l'église Saint-Médéric ou Saint-Merry de Paris, le 30 juillet 1536. (Bibl. Nat. mst français 32585, fol. 73 verso). Il résulte de cet acte baptistaire et du testament de François Clouet du 21 septembre 1572, dont nous publions le texte à la suite de la présente notice, que Jehannet Clouet et François, son fils, habitèrent de 1536 à 1572, la paroisse Saint-Merry dont les registres paroissiaux nous eussent probablement fourni quelques documents intéressants sur ces deux peintres. Les deux exemplaires de tout l'état civil de Paris, conservés, l'un avenue Victoria, l'autre au greffe du Tribunal civil du Palais de Justice, ont été malheureusement incendiés par la Commune de Paris, le 24 mai 1871, et il ne reste des anciens registres paroissiaux de Saint-Merry que quelques extraits dans le manuscrit précité, qui s'étendent de 1535 à 1537 et dont la lecture nous a procuré l'acte ci-dessus.

Jehannet Clouet mourut en 1540 et fut inhumé à Paris, dans le cimetière des Saints-Innocents, comme on le voit dans le testament de François, son fils, qui lui succéda, à cette date, comme peintre et valet de chambre du Roi.

Comme Jehannet Clouet était étranger et n'avait pas obtenu des lettres de naturalité, avec pouvoir de tester, tous ses biens, en vertu du droit d'aubaine, devaient revenir au Roi, et c'est pour ce motif que François Ier, par lettres de novembre 1541, données à Fontainebleau, fit abandon à François Clouet de tous les biens de ce dernier, dont il avait été un moment saisi, comme on disait autrefois. On trouvera le texte de ces lettres aux preuves qui accompagnent le présent travail. Ces lettres ne concernent que François Clouet et on peut en conclure que son frère Jehan, dont nous avons plus haut mentionné la naissance, était mort en bas âge.

M. Henri Bouchot, dans la remarquable étude qu'il a consacrée aux Clouet (1), place François Clouet au-dessous de son père ; il lui reconnaît cependant un très grand talent et s'accorde avec tous les critiques pour lui attribuer le ravissant portrait de la jeune Elisabeth d'Autriche, femme de Charles IX, qui se trouvait naguère dans le salon carré au Louvre et qu'il proclame un absolu chef-d'œuvre.

Ces deux admirables artistes ne signaient pas malheureusement leurs tableaux et dessins, en sorte qu'il sera toujours impossible d'établir la liste de leurs œuvres.

Après la mort de François Ier, survenue le 31 mars 1547, François Clouet, en sa qualité de premier peintre

---

(1) *Les Clouet et Corneille de Lyon d'après des documents inédits*. Paris, grand in-8°, 1892. Librairie de l'Art. L. Alison, 29, cité d'Antin.

du Roi, exécuta l'effigie en cire de ce prince qui fut portée à ses obsèques par les hanouards (1).

Le Compte des funérailles de François Ier se trouve dans le monument français 10392 de la Bibliothèque Nationale.

Nous nous proposons d'en extraire plus tard tous les passages relatifs à la fabrication de cette effigie et de divers emblèmes héraldiques complémentaires.

Le 4 janvier 1549, François Clouet fut parrain à Saint-André-des-Arts de Paris, de Raphaël Le Roy, fils de Simon Le Roy, peintre tailleur d'images *(Archives de l'art français* du 15 juin 1855).

Le 14 juillet 1551, étant à Nantes, Henri II fit don à François Clouet, son peintre et valet de chambre, de l'office de commissaire au Châtelet de Paris, vacant par la mort de Nicole Durand, « pour icelluy [office] estre expedié au nom de Jehan Paulmier »; c'est-à-dire que François Clouet, avec l'autorisation du Roi, revendit aussitôt cette charge à Jehan Paulmier et se borna à encaisser le produit de cette vente.

Par lettres de provisions de décembre 1559, François Clouet fut fait contrôleur général de la Monnaie, en remplacement de Claude de Héry, et il est à présumer qu'il en fut de cette charge comme de celle de commissaire au Châtelet de Paris. Avec l'autorisation

---

(1) Hanouards, hanouers, henouarts, honouarts, porteurs de sel du grenier de Paris, au nombre de 24, qui, de temps immémorial, eurent le privilège de porter à Saint-Denis les corps des rois morts afin de faire voir que la mémoire de nos rois, ainsi que le sel, se conserve toujours (J. Chartier, *Histoire de Charles VII*, p. 317.)

du Roi, François Clouet la revendit aussitôt et ne l'exerça point, car, dans aucun acte postérieur, il ne figure avec la qualité de contrôleur général de la Monnaie.

Le 16 mai 1569, il donna quittance, à François de Vigny, receveur de la ville de Paris, d'un quartier de rente sur l'Hôtel-de-Ville de Paris (Bibl. Nat. *Pièces originales* 790, dossier 17 930, n° 5). Sa signature figure au bas de cet acte et c'est le seul autographe que nous connaissons de lui.

Le 12 mai 1572, il reçut du trésorier de l'épargne du Roi la somme de 135 livres tournois en paiement d'un portrait qu'il avait fait de la Reine. (Bibl. Nat. *Collection Clairambault* 233, p. 2992, n° 414).

Il fit son testament le 21 septembre 1572 devant le curé de l'église de Saint-Merry à Paris et mourut le lendemain (1); il fut inhumé au cimetière des Innocents avec ses père et mère et remplacé, dans sa charge de premier peintre du Roi, par Jean de Court (Arch. Nat. Y 117, fol. 183).

Comme on le voit par son testament et plusieurs autres actes que nous publions, François Clouet avait une sœur, Catherine Clouet, qui épousa, avant 1562, Abel Foulon ou Foullon (2), valet de chambre

---

(1) Un mois environ après la Saint-Barthélemy qui est du 24 août précédent.

(2) Abel Foulon maître d'œuvre du XVIe siècle, né à Loué, à six lieues de la ville du Mans, y dirigeait en 1550 les travaux avec le titre d'ingénieur du Roi (A. Bérard, *Dictionnaire des artistes français*, col. 290).

Pierre Foullon, peintre étranger, né à Anvers, fut naturalisé

ordinaire du Roi dont elle eut : 1° Marie Foullon (écrit Follon), baptisée en l'église Saint-Nicolas-des Champs, près de Paris, le 1er juin 1562 ; elle eut pour parrain sire Jean Aubery, l'aîné, et pour marraines Antoinette Jacquelin, femme de maître Nicolas du Hamel, avocat en la Cour [du Parlement de Paris], rue Sainte-Avoye, et Geneviève du Pré, femme de maître Pierre Fermé (Bibl. Nat., mst français 31879, p. 469) ; 2° Benjamin Foulon qui, en 1572, hérita de l'atelier de son oncle, François Clouet, et, comme ce dernier, fut peintre et valet de chambre du Roi. Il signait Fulonius. Il est qualifié *peintre, nepveu de feu maistre Jamet* (sic) sur l'État des officiers de la Royne (épouse de Henri III), pour 1586 et 1587 (Ernest de Fréville, *Renseignements nouveaux sur les trois Clouet*, page 6).

Le 6 janvier 1592, en sa qualité de peintre et valet de chambre du Roi, il reconnut avoir reçu la somme de trois cens écus pour un voyage fait à Tours dans l'armée du roi et pour plusieurs tableaux exécutés par lui pendant son séjour à l'armée. (Bibl. Nat. mst français 26173, n° 328 des quittances du règne d'Henri IV. Ulysse Robert. *Quittances de peintres, sculpteurs et architectes français*).

Dans son testament du 21 septembre 1572, François Clouet déclare qu'il a 1800 livres de rente sur l'hôtel de ville de Paris, desquelles il donne 600 livres

---

français par lettres du 18 décembre 1538 (Ernest de Fréville, *loco infra citato*, p. 6) Il était peut-être le père d'Abel Foulon, mari de Catherine Clouet.

à Catherine, sa sœur, et les autres 1200 livres à Diane et Lucrèce, ses filles bâtardes, et que ces 1200 livres demeureront en l'administration de sa dite sœur jusqu'à ce que ses dites filles soient en âge d'être pourvues, c'est-à-dire mariées, et « au cas « que les dictes filles ne vecussent à âge peur jouir du « present don et là veult le dict testateur que les « dictz douze cens livres retournent à sa dicte sœur « ou ses enffans et sy l'une mouroit devant l'autre, « veult que sa dicte sœur joisse de la moictié de la « dicte dounation par egalle portion avec l'autre « fille qui demeurera, et du reste de ses biens laisse « tout à sa dicte sœur, après son testament accom-« ply (1). »

Catherine Clouet ne fut pas satisfaite de ces dispositions testamentaires de son frère et réclama tout l'héritage laissé par le défunt, comme il appert de trois quittances de rente sur l'hôtel de ville de Paris qu'elle donna à François de Vigny, receveur de l'hôtel-de-ville de Paris, les 9 décembre 1574, 24 juillet et 25 novembre 1581 et dans lesquelles elle se qualifie veuve d'Abel Foullon, valet de chambre ordinaire du Roi, bourgeoise de Paris, héritière seule et pour le tout de François Clouet, son frère. (Bibl. Nat. *Pièces originales* 790, cote 17930, n° 3; et 1215, cote 27324, nos 4 et 5.)

Il s'en suivit un procès qui dura douze ans et demi,

---

(1) C'est en vertu de cette clause du testament de François Clouet que Benjamin Foulon, son neveu, hérita de l'atelier de son oncle.

depuis le lendemain de la mort de François Clouet, survenue le 22 septembre 1572 jusqu'au 13 février 1584, date à laquelle le parlement de Paris rendit un arrêt par lequel les filles de François Clouet furent mises en jouissance des 1200 livres de rente qui leur avaient été données par leur père, et la défenderesse (Catherine Clouet), condamnée aux dépens de l'instance. Pour ne pas tomber dans des redites, nous nous abstiendrons de parler longuement de ce procès dont on trouvera les détails dans les deux *Pièces justificatives* des 13 février 1584 et 21 juillet 1590 placées à la fin de la présente étude.

Le testament de François Clouet est du 21 septembre 1572. Il est probable que le grand peintre, se sentant ce jour-là mortellement malade et pressentant les graves conséquences que sa mort prochaine pourrait avoir pour ses enfants, fit appeler en toute hâte le curé de la paroisse Saint-Merri (autrefois Saint-Médéric) qu'il habitait et, après s'être confessé, lui dicta ses dernières volontés qui, comme nous l'avons déjà dit, ne furent pas observées par sa sœur. Les choses demeurèrent vraisemblablement en l'état, jusqu'au commencement de l'année 1576. A cette époque, selon toute probabilité, Hector Gédoyn, Gédoin, Gédouyn ou Gedouin (1), alors receveur des fortifications de

---

(1) Noble homme Hector Gédoin, qui prit si bien en main les intérêts des deux filles de François Clouet, était né le 25 juin 1541, et avait été baptisé à Saint-Nicolas-des-Champs près de Paris. Il fut successivement commis de François de Vigny, receveur de la ville de Paris, 1570 ; secrétaire de la chambre du Roi, 1573 ; conseiller, notaire, secrétaire du Roi, 1577 ; secré-

Paris, fut nommé par justice tuteur de Diane et de Lucrèce et son premier soin fut de faire insinuer le testament de leur père au Châtelet de Paris, le 14 avril 1576. Par sentence du 30 mars 1577, la mère des deux enfants, Jeanne Le Borgne, fut reçue partie jointe avec ledit Gédoin.

Diane et Lucrèce avaient été baptisées en l'église paroissiale Saint-Leu Saint-Gilles de Paris, le 28 novembre 1563, et, en admettant que ce baptême ait eu lieu peu après leur naissance, elles avaient environ neuf ans révolus à la mort de leur père (22 septembre 1572) et se trouvèrent dénuées de tout moyen et délaissées de leurs parents et amis ; l'une d'elles, Diane, fut placée, par autorité de justice, chez les hospitalières de Sainte-Anastase dont la maison avait été fondée, en 1171, auprès de l'église Saint-Gervais, où, selon ses propres expressions, elle fut bien reçue, substantiée, nourrie, instruite et en-

taire ordinaire du duc d'Alençon, frère du Roi, 1577, 1579 ; receveur des fortifications de Paris, 1574, 1581 ; échevin de Paris, 1584 ; commissaire ordinaire de l'artillerie, 1588. Au mois de juin 1585, le Roi lui accorda des titres d'anoblissement. Il fut marié deux fois : 1° le 14 septembre 1569, avec Charlotte de Surye, morte à l'âge de 27 ans, le 17 septembre 1577 et inhumée à Saint-Nicolas des Champs, fille d'Antoine de Surye, bourgeois de Paris, contrôleur général des finances en Poitou, et de Marguerite Fourcault ; 2° le 17 juin 1578, avec Barbe de Saint-Germain, née le 26 juillet 1556, fille de Denis de Saint-Germain maître des Comptes, et de Jacqueline Bouette. Il mourut à Melun, le 25 novembre 1590.

Le 31 décembre 1579, un Jehan Gedoyn était l'un des marguilliers de l'œuvre et fabrique de l'église Saint-Médéric à Paris.

(Bibl. Nat. *Pièces Originales*, 1305, cote 29.397, n°s 11, 12, 15 et 71. *Cabinet d'Hozier* 1581, cote 4077, n° 18).

tretenue pendant quinze ans ou environ, et il est probable que sa sœur Lucrèce fut placée par la même autorité, dans le couvent des religieuses de l'abbaye de Montmartre, puisqu'elle circonvint sa sœur Diane et la décida à abandonner à ce dernier couvent, par acte du 25 avril 1588, les douze cents livres de rente qui leur avaient été données par leur père dans son testament. L'hôpital de Sainte-Anastase fit les frais du procès intenté à Catherine Clouet par Hector Gédoin, tuteur de Diane et Lucrèce Clouet, et finalement, le 13 février 1584, le parlement de Paris rendit un arrêt par lequel Catherine Clouet fut condamnée à faire délivrance à chacune des deux filles naturelles de son frère, des six cents livres de rente qu'il leur avait données par son testament et à payer à chacune d'elles la somme de cent écus sol pour chacune des années échues depuis le jour du décès du père (22 septembre 1572), jusqu'au 13 février 1584.

Par acte du 21 juillet 1590, passé devant Demonthenault, notaire au Châtelet de Paris, Diane fit don à l'hôpital Sainte-Anastase des six cents livres de rente qui lui étaient revenus de l'héritage de son père, en même temps qu'elle se fit religieuse dans ce couvent. Par le même acte, elle révoqua la donation qu'elle avait faite aux religieuses de l'abbaye de Montmartre, le 25 avril 1588, à l'instigation de sa sœur, et dont nous avons parlé plus haut.

Théodore Courtaux.

1519-1549.

Officiers domestiques de la maison du roi

François Ier, années MV^e XIX et suivantes (Bibl. Nat. Mst. français 21449 et 21450).

Extrait du 9e comte de Jehan Carré, conseiller du Roy, commis à faire le payement des gages desdits officiers.

. . . .

F° 160. — 1529 Jamet Clouet peintre.   II^c XL l.
F° 172. — 1530   idem.   »   »   »   »
F° 200. — 1532   »   »   »   »   »
F° 215. — 1533   »   »   »   »   »

Mss. Franc. 21450

F° 8 verso. — En 1536. »   »   »   »   »

F° 17 verso. — Estat des officiers domestiques du Roy nostre sire, que ledict seigneur a ordonné estre payés pour l'année commençant le premier janvier 1539 (1) et finissant le dernier décembre 1540 par maistre Jacques Bochetel, commis à tenir le compte et faire le payement des gages desdits officiers, ainsi qu'il en suit.

. . . .

F° 24 verso. — François Clouet, peintre et varlet de chambre. . . II^c XL l.

---

(1) Style ancien. Il faut lire 1540.

F° 40 verso. — 1541 Claude .(sic) (1) Clouët,
peintre. . . . . IIe XL l.

F° 57. 1542. François Clouët   »   . »   »

F° 86 verso. — 1544.   idem.   . »   »

F° 101. — 1546, François Clouët, peintre IIe XL l.
Léonard Limousin, esmailleur et
peintre. . . . . . VI^{xx} l.

F° 141. — État des officiers domestiques du roy nostre sire que ledit seigneur a ordonné estre payez pour l'année commençant le premier janvier 1546 et finissant le dernier décembre 1547, par maistre Nicolas Berthereau, commis à tenir le compte et faire le payement des gages desdits officiers ainsi qu'il ensuit.

. . . .

F° 150. — Guil. Boutelou peintre. . LXX l.
François Clouet peintre. . IIe XL l.

F° 196. — Les mêmes, année 1549.

1523.

Etat de la maison du Roi.

Copie du Rolle et estat des officiers de l'hostel du Roy pour l'année commençant le premier jour de janvier Mil V^e vingt-deux (2) et finissant le dernier jour de décembre en suivant mil V^e vingt-trois.

Valletz de garde robbe.

. . . .

(1) Nous voyons qu'il faut lire François.
(2) Style ancien. Il faut lire 1523.

F° 9 verso. — Jehannot, aussi paintre. II^c XL l.

F° 87. — A Jehan Clouet, paintre et varlet de chambre du Roy, pareille somme de deux cens quarente livres tournois à luy ordonnée par ledit seigneur et sondit estat, pour ses gaiges de l'année escheue le dernier jour de decembre mil V^c vingt troys. Pour cecy par vertu d'icelluy estat et de sa quictance signée à sa requeste du seing manuel dudit maistre Emart de la Rue, notaire et secretaire du Roy, le dernier jour de janvier mil V^c vingt-troys, cy rendue, ladicte somme de II^c XL l.

(*Arch. Nat. K. K. 98, fos 5 verso et 87*).

1524.

Etat de la maison du Roi.

Menus plaisirs du Roy pour XIII moys commençans le premier jour de décembre MV^c XXVIII et finissans le dernier jour de decembre ensuivant V^c XXIX.

A maistre Jannet Clouet, painctre et varlet de chambre ordinaire du Roy nostredict seigneur, la somme de cent deux livres dix solz tournois pour la valleur de cinquante escuz d'or solleil à XLI solz tournois pièce, à luy ordonnée par ledict seigneur sur plus grande somme qui lui a esté deu pour plusieurs ouvraiges et pourtraictures qu'il a cy-devant faictes de son mestier et faict encores presentement pour le service dudict seigneur, et desquels ouvraiges et pourtraictures ledit seigneur n'a voulleu estre cy autrement declairées ne speciffiées. De laquelle somme de CII l. X S. t. ledict tresorier (1) a faict payement audict maistre Jehannet Clouet, comme par sa quictance, signée à la requeste de (*en blanc*) Filleul, notaire et secrétaire du Roy nostredict seigneur, le seizeiesme jour de janvier l'an mil cinq cens vingt huit, cy rendue ladite somme de CII l. X s. t.

(*Archives Nationales*, K. K. 100, f° 32).

Lettre de Marguerite d'Angoulême, sœur de François Ier, reine de Navarre à Jean de Brinon, chancelier d'Alençon (2).

(*Fontainebleau, le 21 juillet* [1527]).

Monsieur le chancellier, Le Roy de Navarre et moy avons délibéré prendre le peintre, frère de Jannet, pintre du Roy, à nostre service, et luy baille ledit seigneur cent livres sur son estat, et moy cent. Et pour ce que nous avons nécessairement à faire de luy pour quelque chose que nous voulons faire, je vous prye incontinent le nous envoyer, et qu'il soit icy lundy pour le plus tart, et vous prye luy faire delivrer quelque argent pour commancement, pour luy

(1) Guillaume Preudomme (Prudhomme), conseiller du Roi et trésorier de son épargne.

(2) Jean de Brinon, seigneur de Villaines, Rémy, Gournay, Moyenville et Autheuil, d'abord conseiller au parlement de Paris, puis premier président au parlement de Rouen, chancelier d'Alençon et de Berry, conseiller du Roi en ses conseils d'Etat et privé, mort le 2 avril 1528. (Bibl. Nat. *Pièces Originales* 519, cote 11680. *Dossiers Bleus* 136 c 66).

donner couraige de bien besongner, Priant Dieu, Monsieur le chancellier, vous avoir en sa saincte garde. De Fontainebleau, le XXIe jour de juillet.

Vostre bonne mestraisse.
MARGUERITE.

(F. Génin. *Lettres de Marguerite d'Angoulême, sœur de François Ier, reine de Navarre, publiées, d'après les manuscrits de la Bibliothèque du Roi.* Paris, in-8°, 1841, p. 242. mst français 2971, fol. 3. (ancien Béthune 8496). Nous avons eu beaucoup de peine à trouver cette lettre : l'indication Fonds Béthune, n° 8516, donnée par Génin, est fautive).

Novembre 1541.

Remise du droit d'aubaine par François Ier à François Clouet, son peintre.

François, par la grace de Dieu roy de France. Savoir faisons à tous presens et à venir, que nous, voullant recongnoistre, envers vostre cher et bien aimé painctre et varlet de chambre ordinaire François Clouet, les bons et agreables services que feu maistre Jehannet Clouet son pere, aussi en son vivant nostre painctre et varlet de chambre, nous a durant son vivant faictz en sondict estat et art, auquel il estoit très expert et en quoy sondict filz l'a jà tresbien imyté et esperons qu'il fera et continuera encores de bien en mieulx cy après, à icelluy François Clouet, pour ces causes et affin que de ce faire il ayt meilleure voullunté, moien et occasion, avons donné, octroié, ceddé et delaissé, donnons, octroyons, ceddons et delaissons, par ces presentes, pour luy, ses hoirs, successeurs et ayans cause, tous et chacuns les biens meubles et immeubles qui furent et apartindrent audict feu maistre Jehannet Clouet son pere, à nous advenuz et escheuz, adjugez et declairez apartenir par droict d'aubeine, au moien de ce que ledict deffunct estoit estranger et non natif ne originaire de nostre Royaume et n'avoit obtenu de noz predecesseurs Roys ny de nous aucunes lettres de naturallité et congié de tester, ainsi qu'il appert par l'adjudicacion et declairacion sur ce faicte par le prevost de Paris ou son lieutenant, cy attachée soubz le contrescel de nostre chancellerye, pour desdicts biens meubles et immeubles, à quelque somme, valleur et estimacion qu'ilz soient et puissent monter, joyr et user par ledict Françoys Clouet, sesdicts hoirs, successeurs et ayans cause, plainement, paisiblement et perpetuellement, comme de leur propre chose et heritaige, sans riens en excepter, retenir ne reserver pour nous ou les nostres, fors seullement, quant ausdicts biens immeubles, les foy et hommaiges, s'aucuns en estoient deuz, et aussi à la charge de paier et acquicter les charges et devoirs estans sur iceulx biens où et ainsi qu'il appartiendra. Si donnons en mandement, par ces mesmes presentes, à nos amez et feaulx les gens de noz comptes et tresoriers à Paris, au prevost dudict lieu ou à son lieutenant et à tous etc. (1), que de noz presens don, octroy, cession et

---

(1) Il faut lire : et à tous nos autres officiers et justiciers.

delaiz ilz facent etc., et à ce faire et souffrir etc. nonobstant opposicion.

Et par rapportant cesdictes presentes signées de nostre main ou vidimus, etc. Car tel etc. nonobstant que la valleur, etc. et quelzconques etc. Et affin etc. sauf etc. Douné à Fontainebleau ou moys de novembre l'an de grace mil V^e XLIe et de nostre regne le vingt septiesme, signé François. Par le Roy Breton Visa. (*Archives Nationales*, JJ 254, n° 466.)

1547

Obsèques de François 1er

P. 2161. — Roolle et estat des seigneurs cardinaux, archevesques, evesques, princes, chevaliers, pairs de France, officiers domestiques du feu Roy François premier et de feu Monseigneur le Duc d'Orleans et autres officiers, ausquels a esté fait delivrance de drap de dueil aux funerailles dudit François premier.

Extrait du compte particulier des frais faits pour les obsèques et funérailles du feu Roy François, premier de ce nom, en l'année MV^c quarante-sept, rendu par Nicolas Le Jay, notaire et secretaire du Roy, à ce commis.

. . . .

P. 2185. — GENS DE MESTIER.
Comprenant, pour les deux maisons du roi et du duc d'Orléans, deux tailleurs, deux pelletiers, deux cordonniers, deux brodeurs, un menuisier, un artil-

leur, deux peintres : « François Clouet, peintre » du Roi, et « Denis Guestrach, peintre de feu Monseigneur d'Orléans », un chaussetier, un horloger, un arbalestrier, un tentier (1), un vitrier, un garde des meubles, une lingère, deux lavandières du corps, trois tapissiers.

A chacun VI aunes et demi de drap noir à III livres l'aune.

(*Bibl. Nat. Coll. Clairambault*, vol. 835, p. 2161 et 2185. Copie du XVIIIe siècle.)

1550

Etat de la maison de la reine Catherine de Médicis.

Bibl. Nat. Nouv. acq. lat, 2308 f°s 12-14.

Roolle des parties et sommes de deniers, payées, baillées et délivrées comptant, du commandement et ordonnance de la Royne nostre souveraine dame, pour le faict de ses dons et menuz plaisirs durant demye année commancée le premier jour de janvier mil cinq cens quarente neuf (2) et finie le derrenier jour de juing ensujvant mil cinq cens cinquante, par maistre Jehan Carré, argentier de ladicte dame et commis à tenir le compte de ses dons et menuz plaisirs, aux personnes, pour les causes et ainsi qu'il s'ensuict.

. . . .

---

(1) Celui qui était chargé de dresser les tentes d'une armée ou de tendre les tapisseries.
(2) Style ancien. Il faut lire 1550.

Quartier de janvier, fevrier et mars.

. . . .

A Jehan-Baptiste Gondy, marchant florantin, la somme de deux cens livres tournois à luy ordonnée pour son remboursement de semblable somme qu'il a payée et desbourcée de ses deniers par le commandement de ladicte dame et qu'il a myse ès mains de Nicolas Rebours, painctre d'icelle dame, auquel elle en a faict don pour satisfaire à l'interest en quoy il a esté condenné envers Adrianne Thibault pour l'homicide par luy commis à la personne du frere d'icelle Thibault.

Pour ce cy ladicte somme de II c l.

Catherine Sauronne *(sic)*, mère de la petite neyne de ladicte dame, la somme de vingt livres tournois, à elle ordonnée par ladicte dame, tant pour sa pension et gaiges et de sadicte fille que pour toutes aultres petites ses necessitez, dont ladicte dame luy faict don chacun an, et ce pour l'année escheue au terme de Noël dernier passé. Pour ce cy . . . . XX l. t.

. . . .

A René Tibergeau, painctre de ladicte dame (1) la somme de quarente six livres tournois pour la valleur de vingt escuz soleil, à luy ordonnée pour son paye-

---

(1) Les 7 mai, 9 juillet et 27 septembre 1567, 6 mars 1568, René Thibergeau, « sommelier de panneterye de la Royne, mère du Roy », donna quittance, à Pierre de Picquet, conseiller, trésorier et receveur général des finances et maison de la dite dame, de quartiers de ses gages à raison de 160 livres tournois par an. (Bibl. Nat. *Pièces originales* 2823, cote 62.758, n°s 2, 3, 4 et 5. Il semble résulter du numéro 5 que ce René Thibergeau était de Blois).

ment de quatre *protraiz (sic)* en toille, l'ung de ladicte dame, l'aultre de monseigneur le daulphin, ung aultre de monseigneur le duc de Ferrarre et l'aultre de madame de Vallentynois, qu'il a faictz par commandement et selon devys d'icelle dame. Pour ce cy. . . . . XLVI l.

Quartier d'avril, mai et juing.

1549-1550.

A Julien Drouet la somme de troys cens quarante neuf livres tournois, à luy ordonnée pour son remboursement de semblable somme qu'il a baillée et payée de ses derniers, par le commandement de ladicte dame, ainsi qu'il s'ensuit, assavoir. IIII^{xx} XVI l à Anthoine de Bourgongne, painctre, dont ladicte dame luy a faict don et present pour avoir faict plusieurs painctures pour ladicte dame, le Roy, Messeigneurs ses enffans et princes de la Court.
.... Faict et arrêté à Evreux le treizeiesme jour de novembre l'an mil cinq cent cinquante.
(signé) Caterine (et plus bas) Par la Royne Mahieu.
(*Bibl. Nat. nouv. acq. latines* 2308, f°s 12-14. Parchemin original).

Etat de la maison du Roi.

Estat à maistre Nicolas Berthereau, notaire et secrétaire du Roy, tresorier et payeur des gaiges des officiers domestiques dudict seigneur, durant l'année commançant le premier jour de janvier l'an mil cinq cens quarante neuf (1) et finissant le dernier jour de decembre l'an mil cinq cens cinquante.

. . . .

F° 182. — Chantres et joueur d'instruméns.

. . . .

F° 183. — Mathieu Clouet, haulte contre.   IIe l.
       Janvier par quictance. . . . . L l.
       Avril par quictance. . . . . L l.
       Juillet par quictance à Rouen. L l.
       Octobre par quitance generalle
          à Blois. . . . . L l.
Nota qu'il est paié du quartier de janvier de l'année V^e LI

. . . .

F° 191. — Painctres et gens de mestier.
Comprenant deux peintres : Guillaume Boutelou et François Clouet, deux tailleurs, un bonnetier, deux pelletiers, deux cordonniers, deux brodeurs, un orfèvre, un menuisier, un « hacquebutier (2), un « tartiller », un tantier » (3).
Guillaume Boutelou, painctre. . . . LXX l.
Janvier et avril par quictance. . . . XXXV l.
Juillet et octobre par quictance gene-
    ralle à Blois. . . . . XXXV l.
Nota qu'il est payé pour janvier de l'année V^e LI

. . . .

(1) Style ancien. Il faut lire 1550.
(2) Variante de harquebusier.
(3) Nous croyons qu'il faut *tentier*. Voir la note de la page 231.

P. 195. François Clouet painctre . . IIe XL l.
Doibt pour les privillèges. . . . . XXX l. (1)
Janvier et avril par quictance. . . . VI^{xx} l.

Nota qu'il m'a baillé procuration pour le reste de son année montant VI^{xx} l. pour les quartiers de juillet et octobre, pour me payer et demeurer quicte envers moy de pareille somme de VI^{xx} l. qu'il me doibt en fournyr quictance generalle et par ainsi demoure quictez en VI^{xx} l.

(*Bibliothèque Nationale, Collection Clairambault vol. 813, Manuscrit original.*)

24 juillet 1551.

Nomination de François Clouet à l'office de commissaire au Châtelet de Paris.

Registres d'expédicions faictes par le commandement du Roy par moy Cosme Claisse, s^r de de Marchaumont, secrétaire de ses finances pour l'année commencée le premier jour de janvier mil V^e cinquante (2) et finissant en décembre MV^e cinquante ung.

. . . .

Roolle d'aucunes expéditions commandées par le Roy, signé de sa main, à Fontainebleau, le XXVe jour d'aoust 1551.

Et premierement :

Ledict seigneur, dès le XIIIIe de juillet dernier passé

---

(1) Cette ligne est biffée dans le manuscrit.
(2) Style ancien. Lisez 1551.

estant à Nantes, mons' le connestable present, feist don à François Clouet, son painctre et vallet de chambre, de l'office de commissaire au Chastellet de Paris, vacant par les trespas de Nicole Durand, pour icelluy estre expédié au nom de Jehan Paulmier.

(*En marge est écrit*) : Expédié dudict XIIIe de juillet.

(*Bibliothèque Nationale, mst français 5128, p. 59*).

16 mai 1569.

Quittance d'un quartier de rente par François Clouet.

Je Françoys Clouet confesse avoir receu de noble homme maistre Françoys de Vigny, receveur de la ville de Paris, la somme de cinquante livres tournoiz pour ung quartier escheu le dernier jour de mars dernier passé, à cause de II^c livres tournoiz de rente, à moy transportez par maistre Pharon Lambert qui avoit droit de maistre Anthoine Dugué, lequel Dugué avoit le droit de maistre Françoys Olivier qui aussi avoit le droit de maistre Pierre Bertrand, auquel ladicte rente avoit esté constituée par Messieurs les prévost des marchans et eschevins de ladicte ville, le XVe janvier mil V^c LVII, sur le revenu des magazins et greniers à sel d'Amyens, Roye, Sainct-Quantin, Evreux, Alençon, Pont de larche et Belesme, et sur tout le domaine de ladicte ville. De laquelle somme je me tiens contant. Faict le seizeiesme may mil V^c soixante neuf.

(*Signé*) F. CLOUET.

(*Bibliothèque Nationale, Cabinet des Titres. Pièces originales, registre 790, cote 17930, n° 5. Parchemin original*).

4 octobre 1547

Quittance par François Clouet d'un don du Roi

En la presence de moy (ici un blanc), notaire et secretaire du Roy notre sire, François Clouet, painctre et valet de chambre dudict seigneur, a confessé avoir receu compant de maistre André Blondet, conseiller d'icelluy seigneur et tresorier de son espargne, la somme de deux cens vingt cinq livres tournoiz dont ledict seigneur luy a faict don en faveur des services qu'il luy a faictz en sondict estat de peinctre et fait chacun jour, mesmement en ce lieu de Fontainebleau. De laquelle somme de II° XXV l. ledict Clouet s'est tenu content et en quicte ledict Blondet, tresorier susdict, et tous autres. Tesmoing mon seing manuel cy mis à sa requeste, le IIIIme jour d'octobre l'an MV^c quarante sept.

(*Signé* S. DECAILLY.)

(*Bibliothèque Nationale. Cabinet des Titres. Pièces Originales, reg. 790, cote 17.930, n° 4. Parchemin original*).

1558

Compte de la trésorerie de la reine Catherine de Médicis

Fo. 28. — Roole des parties payées par le commandement de la Roine des deniers prins ès coffres de

— 28 —

sa chambre, tant pour le faict de son argenterye et affaires de chambre, dons, aumosnes, menuz plaisirs ou deniers mis en ses mains que pour autres parties par elle deues des années precedentes et autres causes deppendans du service de ladicte dame, et ce durant le quartier d'avril, may et juing 1558, aux personnes, pour les causes et ainsi qu'il est cy après d'eclairé, comme il sensuit.

. . . .

Fo. 36 verso. — A René Tibergeau, peintre et sommelier de panneterrye commun de la roine, par sa quictance du XI juing dernier, la somme de quarante-huict livres tournois, à luy ordonnée sur et en déduction de la somme de VII^{xx} IIII l. t., à luy deue pour plusieurs figures et protaictures qu'il a faictz pour le service de ladicte dame et qui luy sera employée et comptée ou roolle de l'argenterie de ceste présente année. Comme par ordonnance et quictance dudict Tibergeau cy rendues appert. XLVIII l. t.

. . . .

A Piramus Lucas, peintre, demourant à Paris, la somme de quatre livres dix huict solz tournoiz dont la royne luy a faict don pour avoir portraict en parchemin le partairre du cloz du Pail-Maille de Monceaux. Cy... IIII l. XVIII s. t.

Juillet, aoust et septembre 1558.

Fo. 52 verso. — A Jehan Scipion, peintre, demourant à Paris, la somme de vingt livres tournois pour son payement d'un tableau auquel est la figure de Madame de Crussol que la Roine a retenu pour envoyer en sa maison et chasteau de Monceaux, comme par ordonnance et quictance appert. Cy XX l. t.

Chacun des comptes qui composent ce manuscrit est signé par Catherine de Médicis.

12 mai 1572

Don du Roi à François Clouet.

A Françoys Clouet, dict Janet, painctre dudict seigneur, Essaye Goudet, enlumineur, demeurant à Paris, et Françoys du Jardin, orfevre dudict seigneur, la somme de trois cens dix neuf livres douze sols tournois en XII^{ains}, à eulx ordonnée par ledict seigneur, asscavoir audict Clouet VI^{xx} XV l. t. pour son payement d'ung pourtrait de la Royne qu'il a faict dans ung petit tableau d'or audict Erondelle, XII livres aussy pour son paiement d'avoir faict un chiffre d'enlumineure de lettres du nom du Roy au derriere du tableau et audict du Jardin (etc).

(*Bibliothèque Nationale. Coll. Clairambault 233, p. 2992, n° 414. Compte de l'épargne du Roi*).

1572

Etat de la maison du Roi

Transcript de la coppie de l'estat faict par le Roy pour le paiement des gaiges qu'il auroict entendu et ordonné estre faict à ses officiers domestisques pour l'année commencée le premier jour de janvier mil cinq cens soixante douze et à continuer jusques ad ce que ledict sieur ayet faict aultre nouvel estat, duquel la teneur sensuyet.

F° 52. — PAINCTRES ET GENS DE MESTIER.
Françoys Clouet . . . . II^c XL. l. t.
Guillaume Boutelou . . . . . . LXX l. t.
F° 52 verso. — Jehan de Court paintre C l. t.
Maistre Germain Pillon, sculpteur de la royne IIII^c l. t.

F° 60. — Estat d'aulcuns officiers domesticquez du roy que Sa Magesté a ordonné estre payez de leurs gaiges durant cestre presente année mil cinq cens soixante quatorze, par les mains de maistre Guillaume le Jars, trésorier de sa maison, des deniers que Sadicte Magesté luy a faict ordonner et assigner par le trésorier de son espargne, maistre Claude Garrault, pour convertir et employer en cest effect, ainsy qu'il sensuict

F° 66. — PAINCTRES ET GENS DE MESTIER.
F° 66 verso. — A Jehan de Court, au lieu de François Clouet, la somme de II^c XL l. t. pour ses gaiges audict estat durant ladicte année MV^c. LXXIIII Cy. . . . . II^c XL l. t.

A Jacques Patin, au lieu de Guillaume Boutellet (1), aussy painctre, la somme de LXX l. t. pour ses gaiges audict estat durant ladicte année MV^c LXXIIII. Cy LXX l. t.

(1) Lisez Boutelou.

A Charles de Court, au lieu de Jehan de Court, son père, la somme de C. l. t. pour ses gaiges audit estat durant lad. année MV⁰ LXXIIII C, l. t.

(*Archives Nationales* KK 134).

21 septembre 1572.

Testament de François Clouet.

Jhesus Maria.

Au nom du pere et du filz et du benoist sainct esprit amen. Le vingt ungiesme septembre mil cinq cens soixante douze, honorable homme maistre François Clouet, painctre et varlet de chambre du Roy, malade en son lict, sain touteffois de pensée et de bon entendement, par la grace de Dieu, devant moy soubz signé, curé de l'eglise monsieur Sainct Mederic à Paris, faict son testament et ordonnance de derniere volonté comme sensuict, asscavoir recommande son ame à Dieu son createur, à la Saincte trinité de paradis, à la glorieuse Vierge Marie, à Messieurs Sainct Pierre et Sainct Paul et Sainct Mederic, son patron, et cetera. Item veult et entend vivre et proteste morir en la foy de nostre mere Saincte eglise apostolicque et Romaine et comme enfant d'icelle veult son corps estre inhumé en terre saincte, au cymetière de Sainct Innocent avez (*sic*) ses feuz pere et mere. Item à son convoy veult son curé et les prestres habituez de sa paroisse, pour conduire son corps à sepulture, et veult ung service complaict pour le remede de son ame, et du reste de ses funerailles le remect en la volonté de ses executeurs. Item declaire avoir dix huict cens livres de rente sur l'hostel de ville de ceste ville de Paris, desquelles il en donne six cens livres à Catherine Clouet, sa seur, et les autres douze cens livres à Dyane et Lucresse, ses filles bastardes, lesquelz douze cens livres demoureront en l'administration de sadicte seur jusques que lesdictes filles soient en aage pour estre pourvueues, et au cas que lesdictes filles ne vecussent aage pour joir du present don et là veult ledict testateur que lesdictz douze cens livres retournent à sadicte sœur ou ses enffans, et, sy l'une mouroit devant l'autre, veult que sadicte seur joisse de la moictié de ladicte donnation par egalle portion avec l'autre fille qui demeurera, et du reste de ses biens laisse tout à sadicte sœur, après son testament accomply. Item donne et laisse cent livres tournois pour une fois paier, a estre distribué, sçavoir est vingt livres à l'œuvre et fabricque de l'église M. Sainct Mederic, sa paroisse, et quatrevingtz livres pour distribuer à des pauvres filles à marier ou autres personnes indigentes, telles que congnoistra son executeur l'aumosne estre bien employée. Item donne et laisse cent escus à Nicolas son serviteur pour les bons et agréables services qu'il luy a faictz et afin qu'il prye Dieu pour son ame. Item eslict pour faire l'execution de son present testament honorable homme maistre Jehan Monvarlet, procureur général des comptes de Monsieur, frere du Roy, auquel donne pouvoir et puissance sur tous et chacuns ses biens, pour icelluy testament parfaire et acomplir et de icelluy croistre et augmenter, ainsy qu'il le trouvera bon, et sans riens diminuer du dessus dict, voullant ainsy sortir son plain et entier effect, duquel testament a esté faict lecture audict testateur, présens maistre Scipion Bruisbal, painctre de la Royne, mere du Roy, Jehan Le Sueur, Marie Mongeroys, Françoise Bourgoing et autres, à ce tesmoings requis et appellez devant ledict testateur, lequel, par luy oy et entendu, a declaré estre ainsy sa volunté. En tesmoing de ce m'a requis, avec lesdictz tesmoings, signer ledict testament les an et jour que dessus. Ainsy signé Luyche, et à la fin dudict testament a esté mis et escript l'insinuation ainsy qu'il sensuict :

L'an mil cinq cens soixante seize, le samedy quatorziesme jour d'avril, le present testament portant donnation a esté apporté au greffe du Chastellet de Paris et icelluy insinué, accepté et eu pour agreable, aux charges et conditions et selon que contenu est par icelluy, par noble homme maistre Hector Gedoyn, ou nom et comme tuteur de Dyane et Lucresse, légataires denommez en cedict present testament, lequel a esté enregistré au present registre, trente-deuxiesme volume des insinuations dudict Chastellet, suivant l'ordonnance, ce requerant lesdict Gedoyn oudict nom, qui de ce a requis et demandé acte, à luy octroyé et baillé, ces presentes pour servir et valloir ausdicts legataires, en temps et lieu, ce que de raison. Et après ce a esté ledict testament rendu à maistre Nicolas du Bourg l'abbé, procureur.

(*Archives Nationales. Insinuations au Châtelet de Paris. Registre Y. 117, f° 183.*

13 février 1584.

Arrêt du parlement de Paris relatif à la succession de François Clouet.

Entre maistre Hector Gedouyn, tuteur ordonné par justice à Diane et Lucresse Clouet, filles naturelles de deffunct François Clouet, vivant paintre et vallet de chambre du roy, et Jehanne le Borgne, et ladicte Jehanne le Borgne joincte avecq ledict Gedouyn, demandeurs, d'une part, contre Catherine Clouet, veufve de feu Abel Foulon, sœur et seulle heritiere dudict deffunct Clouet, d'autre.

Veu par la court la demande desdictz demandeurs; deffault de ladicte deffenderesse; sentence du trentiesme mars mil cinq cens soixante et dix sept, par lequel ladicte le Borgne auroict esté receue partye joincte avecq ledict Gedouyn contre ladicte Clouet; arrest du treiziesme febvrier mil cinq cens quatre vingtz quatre, par lequel, entre autres choses, ladicte court auroict evocqué le procès principal pendant entre les parties pardevant les gens tenans les requestres du pallais et, avant y faire droict, ordonné qu'elles articulleront leur faictz et informeront sur iceulx dans quinzaine, produiroient à la quinzaine ensuivant, seroient les productions communiqués pour y bailler contredictz et salvations, dans le temps de l'ordonnance, et demeureroient au procès les enquestes cy devant faictes par ordonnance d'icelle pour, en icelluy jugeant, y avoir tel esgard que de raison et ce pendant par prouvisionnement auroict adjug à chascune desdictes deux filles naturelles la somme de trois cens livres tournois de rente à prendre sur les rentes deues audict deffunct sur l'hostel de ceste ville de Paris; requeste du dix-huitiesme decembre audict en mil cinq ans quatre vingtz quatre, par lequel ladicte le Borgne auroict renoncé à plus articuller aulcuns faictz ny informer de sa part; forclusion de satisfaire audict arrest par ledict Gedouin; faictz et articles de ladicte le Borgne, et enqueste, faicte, à sa requeste, par ordonnance de ladicte cour, auparavant ledict arrest, par maistre (*en blanc*) de Therouenne, conseillier en icelle, le vingt cinquiesme mars mil cinq cens soixante dix huit; procès verbal dudict de Therouenne; faictz et articles de ladicte deffenderesse et enqueste par elle faicte suivant ledict arrest du treiziesme febvrier, receue pour juger, avec l'enqueste faicte par ordonnance desdictz gens des requestes à la requeste de ladicte Clouet, le neufviesme mars mil cinq cens soixante dix sept; productions desdictz le Borgne et Catherine Clouet respectivement; forclusion de produire de la part dudict Gedouin; contredict de ladicte le Borgne, contre la production de ladicte deffenderesse; forclusion de fournir de contredictz par lesdictz Geodain (*sic*), et deffence contre ladicte le Borgne; reproches d'icelle deffendresse contre les tesmoings oiz en l'enqueste de ladicte le Borgne; testament dudict feu François Clouet du vingt ugniesme septembre mil cinq cens soixante douze, par lequel ledict Clouet auroict legué ausdictz Dianne et Luceresse, ses filles naturelles, la somme de douze cens livres de rente, faisant partie de dix huit cens livres à luy deue sur l'hostel de ceste ville de Paris ; extraict du registre baptistere de l'église Sainct Leu et Sainct Gilles, contenant le baptesme desdictes filles du vingt huictiesme novembre mil cinq cens soixante trois ; interrogatoire faicte à ladicte deffenderesse le vingt ugniesme aoust mil cinq cens soixante seize, et tout ce que par lesdictz le Borgne et deffenderesse a esté mis et produict ; tout considéré.

Il sera dict que ladicte cour a condampné et condampne ladicte deffendresse faire délivrance, à chascune dudictes Lucresse et Dianne Clouet, filles naturelles dudict deffunct Francois Clouet, de la somme de six cens livres tournois de rente, suivant le testament dudict deffunct Clouet, à prendre sur les dix huict cens livres tournois de rente appartenant audict deffunct sur l'hostel de ceste ville de Paris et à paier à chascune desdictes filles la somme de cent escus sol pour chascune des années escheues puis le jour du decedz dudict François Clouet, advenu le vingt deuxième septembre mil cinq cens soixante douze, jusques audict jour treiziesme febvrier mil cinq cens quatre vingtz quatre, ensemble leur rendre et paier tous les arrierages des dictz douze cens livres tournois de rente, par icelle deffendresse prins et perceuz, puis ledict jour jusques audict jour treiziesme febvrier mil cinq cens quatre vingtz quatre, sur iceulx, desduictes les sommes que ladicte deffendresse fera aparoir avoir paiés ausdictes filles depuis la provision adjugées par le susdict arrest du treiziesme fevrier ; et pour le regard des arrierages desdictz douze cens livres tourois de rente escheuz et quy restent à paier par le recepveur dudict hostel de ville et quy escheront cy après, ordonne ladicte cour que lesdictz Diane et Lucresse Clouetz en jouiront et les recepvront par les mains du recepveur dudict hostel de ville, et a condamné et condamne icelle deffendresse ez despens de l'instance, telz que de raison.

(*Archives Nationales, Parlement civil, Conseil seul,* X^{1A} *1708, f° 103 verso.*)

21 juillet 1590.

Donation par Diane Clouet à l'hôpital Sainte-Anastase de Paris.

Aujourd'huy, en la presence des notaires soubz signez, Dianne Clouet, fille de feu François Clouet, en son vivant peintre et vallet de chambre du Roy, qui s'est dict agée de vingt six ans ou environ, auroict remonstré à nobles personnes messire Jehan Hatton, chanoine et soubz chantre en l'église Nostre-Dame de Paris et visiteur general des hospitaux de ceste ville de Paris, messire Michel Michon, presbtre, chanoine en l'église de Potiers, maistre et administrateur de l'hospital Saincte Anastaize, fondé près l'église Sainct-Gervais, sœur dame Jehanne Girard, mère des filles relligieuses professes dudict hospital, sœurs Denise Dupuis, Perrette Pellerin, Jacqueline Soly, Anastaize Delabarre, Genevielve Pacot, Geneviefve de Villiers, Magdaleine Boucher, Catherine Ratoire et Anne Calot, toutes relligieuses professés dedict hospital, assemblées et congregées en leur oratoire où elles ont accoustumé eulx assembler pour traicter des affaires dudict hospital, que, après le decedz dudict diffunct Clouet, son pere, estant desnuée de tous moiens et dellaissée de tous parens et amis, elle auroict esté mise audict hospital par autorité de justice où elle auroit esté bien receue, sustanté, nourrie et entretenue, comme elle y est encores à present depuis quinze ans ou environ dont elle se sent infiniment tenue à iceulx de l'hospital, depuis lequel temps elle auroict tousjours eu devotion et affection d'estre relligieuse audict hospital, faire profession et y user sa vie au service de Dieu, comme elle a encores à present, soubz le bon plaisir de Dieu et de Monsieur l'évesque de Paris et desdictz messires, mere et relligieuses, aux charges que les dictes relligieuses ont à supporter audict hospital, au moien de quoy auroict la dicte Dianne Clouet, dès le cinquiesme jour d'apvril mil cinq cens quatre vingtz et huict, humblement supplié lesdictes sœurs (*sic*) (1) Hatton et Michon, mère et relligieuses dudict hospital, que leur bon plaisir fut de la voulloyr recepvoyr relligieuse et, à ceste fin, luy bailler l'habit de relligion et qu'en ce faisant, elle donneroit du tout à tousjours, audict hospital, six cens livres tournois de rente, faisant partie de douze cens livres tournois de rente en plusieurs parties, à elle appartenant par donnation faicte desdictz douze cens livres tournois de rente, tant à elle que à Lucresse Clouet, sa sœur, par ledict François Clouet, leur pere naturel, par son testament et ordonnance

---

(1) Inadvertance du copiste : lisez sieurs.

de dernière volunté, avec tous les arreraiges et despens a elle adjugez par arrest de la court de parlement du treiziesme febvrier mil V̄ IIIˣˣ huict (1), de laquelle donnation elle auroict différé de passer contract jusques à présent à cause que contre ledict arrest, on auroict obtenu requeste civile, qui est jugé à present. Neantmoins lesdits de l'hospital, assurez de ladicte promesse n'auroient différé de la recepvoyr relligieuse et luy bailler l'habit comme de faict ilz le luy ont baillé dès ledict temps et auroient founy à tous les fraiz qu'il aurait convenu faire, tant pour ladicte vesture que autres, et pour ce que icelle Dianne Clouet auroit tousjours perseveré, comme elle persevere encores audict estat de relligieuse, elle auroict de rechef supplié et requis lesdictz sieurs Hatton et Michon, mere et relligieuses dudict hospital la recepvoyr à l'acte de profession et de fournir pareillement aux fraiz qu'il convient faire pour cest effect et que, en consideration de ce et des biens et faveurs qu'elle a receuz dudict hospital où elle a esté, comme dict est, receue quinze ans soict ou environ, estant delaissée de pere et mere, parens et amis, destituée de tous moiens de noriture et entretenement, de la bonne instruction qu'elle y auroict aprinse, et que lesdictz de l'hospital auroient fournis au fraiz du procez qu'il a convenu intenter et faire juger pour la conversation des droictz de ladicte Dianne et avoir dellivrance de la dicte donnation à elle faicte par sondict deffunct pere, elle donnoict,

(1) Lisez 1584.

comme de faict elle donne, cedde et transporte par ces presentes, en pur don, à tousjours, irrevocablement, ausdictz hospital, leurs successeurs et ayans cause, lesdictz six cens livres tournoiz de rente, faisant partie desdictz douze cens livres tournois de rente en plusieurs parties, à elle appartenant par donnation faicte desdictz douze cens livres tournois de rente, tant à elle que à ladicte Lucresse Clouet sa sœur, par ledict deffunct Clouet, leur pere naturel, par son testament et ordonnance de derniere volonté, avec tous les arreraiges et despens à elle adjugez par plusieurs arrestz de ladicte court de parlement, à la reserve toutesfois de cinquante livres tournoiz de rente qui seroict prinse et receue par ladicte Dianne par chacun an, aux quatre termes, sur lesdictz six cens livres tournoiz de rente, sur sa quictance, pour ses menus plaisirs et affaires, sa vie durant seullement, déclarant icelle Dianne qu'elle revocque de rechef, comme elle auroict cy devant faict, le contract que elle et ladicte Lucresse Clouet, sa sœur, avoient faict et passé avec les relligieuses, abbesse et couvent de Montmartre, le vingt ungiesme jour d'apvril mil cinq cens quatre vingtz et huict, parce que, en icelluy faisant, elle auroict esté circomvenue et deceue et que son intention n'a jamais esté de faire tel contract, ains (1) a tousjours esté sadicte intention d'estre relligieuse audict hospital et de y finir ses jours, et à la charge que lesdicts messires, mere et relligieuses dudict hospital seront tenus de nourir et entretenir ladicte Dianne comme les

(1) Mais.

autres relligieuses dudict hospital et fournir à tous autres fraiz generallement qu'il conviendra faire, et outre à la charge que ladicte Dianne sera et demeurera quite de toutes pensions, fraiz de procès, noritures et entretenement du passé, dont on luy pouvoict faire demande. Oye laquelle requeste par lesdictz sieurs Hatton et Michou, mere et relligieuse dudict hospital, ilz auroient incliné à icelle et, ce faisant, auroient promis et promettent icelle recepvoyr à l'acte de profession, fournir aux fraiz qu'il conviendra faire et la faire jouir de privileges telz et semblables que les autres relligieuses dudict hospital, icelle nourrir et entretenir comme les autres religieuses dudit hospital; plus ont quité et quitent ladicte Dianne Clouet de toutes pension, noritures, entretenement du passé, fraiz de vesture et autres fraiz de procez par eulx faictz allencontre des condempnez par les arrestz de la court sur ce donnez et ce moiennant et en concideracion des six cens livres tournois de rente cy devant mentionnez, par la dicte Dianne Clouet donnez, ceddez et transportés presentement ausdicts de l'hospital, arreraiges d'icelle et despens de procez, laquelle donnation iceux de l'hospital ont accepté et acceptent pour eulx, leurs successeurs et ayans cause, à ladicte reserve desdictz cinquante livres tournois de rente viagere par chascun an que ladicte Dianne poura recepvoyr par ses mains et par sa quitance, sa vie durant seullement, et outre a esté convenu et stipulé entre eulx que, ou cas que la dicte Dianne Clouet fust envoiée à autre lieu par ses superieurs, en ce cas, elle aura pour sa pension en icelluy lieu, pendant le temps qu'elle y sera, cent livres tournoiz de rente, à prendre en la partie desdictz six cens livres tournoiz de rente, outre et par dessus lesdictz cinquante livres tournoiz de rente cy-dessus et, ou cas que l'on luy permist de sa propre volunté sortir dudict hospital, pour aller en autre lieu, en ce cas, ne luy sera baillé et fourny par ledict hospital que pareille rente de cinquante livres tournois lesquelz retourneront au proffit dudict hospital après le decedz de ladicte Clouet ; et, pour faire insinuer le present contract par tous où besoing sera, ont les dictes parties faict et constitué, font et constituent leurs procureurs, assavoir lesdictz de l'hospital maistres *(en blanc)* et ladicte Dianne Clouet maistre *(en blanc)*, auquel ilz ont respectivement donné et donnent puissance, octorité et mandement special de demander lesdictez insinuations et icelles consentir pour et au nom d'icelles parties. Promettantz, etc. obligeantz etc., chacun en droict soy, renonceantz. Faict et passé audict hospital, le vingt ungiesme jour de juillet mil cinq cens quatre vingtz dix, et ont lesdicts sieurs Hatton et Michon, mere et relligieuses signé la minutte des presentes estant pardevers Demonthenault, l'un des notaires soubz signez : Signé Depoche et Demonthenault.

L'an mil V^e III^{xx} X, le vendredi troisiesme aoust, le present contract de donnation a esté apporté au greffe du Chastellet de Paris et icelluy insinué, accepté et eu pour agreable aux charges, clauses et conditions y apposées et selon que contenu est par icelluy, par maistre Pierre Goudard, procureur au Chastellet de Paris, porteur dudict contract et procureur de Dianne Clouet, fille de feu François Clouet, en son vivant paintre et varlet de chambre du Roy, donnatrice, et encore procureur de l'hospital Sancte Anastaize, fondée près l'église Sainct Gervais, donnataire, desnommez audict present contract, lequel a esté enregistré au present registre quarente septiesme volume des Insinations dudict Chastellet suivant l'ordonnance, ce requerant ledict Goudard oudict nom, qui de ce a requis et demandé acte, à luy octroyé et baillé, ces presentes tant pour servir et valloyr à ladicte Dianne Clouet, donactrice, que audict hospital Saincte Anastaize, en temps et lieu, ce que de raison.

(*Archives Nationales. Insinuations au Châtelet de Paris, Y. 132, f° 51 verso*).

P. c. c.

Vannes. — Imprimerie LAFOLYE Frères.

www.ingramcontent.com/pod-product-compliance
Lightning Source LLC
Chambersburg PA
CBHW030056230526
45471CB00003B/1124